Univers de rimes

Éloïse Février

Univers de rimes
Recueil

LE LYS BLEU
ÉDITIONS

© Lys Bleu Éditions – Éloïse Février

ISBN : 979-10-377-4620-7

Féerie

La féerie, elle est encore indéfinie,
Sa valeur est inestimable et infinie.
Pourtant, elle fait toujours partie de notre enfance,
Parfois même elle peut faire disparaître des
souffrances.

Elle peut se voir, un peu partout, comme sur des
toiles
Et nous l'observons toujours les yeux pleins
d'étoiles.
Elle est partout, dans chacune de nos histoires.
Chaque jour, elle continue à faire naître de l'espoir.

Nous vivons avec elle une parfaite idylle,
Elle prend place en nous de manière très subtile
Et elle efface une partie de ce monde hostile.

Grâce à elle, un monde partiellement parfait se crée
Elle nous offre un joli parfum sucré. Récré
Presque sacrée. Dans les mémoires elle est ancrée.

Haïr ou aimer

On peut se détester soi-même.
On peut haïr comme on aime.
On peut aimer à l'infini
Et la seconde d'après, fini.

On peut haïr la terre entière ;
Ou on peut en aimer le tiers.
On peut haïr l'humanité
Tout en aimant son amitié.

On peut détester le mensonge
Sans que l'injustice ne nous ronge.
On peut aimer avoir raison
Sans jamais faire de concession.

On peut haïr la solitude,
Elle qui nous cause ces inquiétudes.
On peut apprécier la nature
Sans jamais fuir les aventures.

La guerre

Les hommes partent dans les tranchées
Réquisitionnés par l'armée,
Laissant derrière eux leur femme
Pour aller brandir les armes.

En espérant qu'ils survivront
Chacun d'entre eux prend place au front,
Leurs familles prient pour qu'ils reviennent
Pendant qu'eux ont l'âme en peine.

Sous ces assourdissantes bombes
Les soldats creusent leurs propres tombes
Et rêvent parfois qu'ils succombent.

Ce fut cette géante mare de sang
Qui prit des enfants aux parents,
Prenant des parents aux enfants.

La nuit

La nuit cache bien des monstres effrayant les
enfants.
Parfois elle fait rêver, tantôt elle est maudite.
À jamais se cache en elle un pouvoir puissant
Celui qui attire, intrigue et reste insolite.

Elle berce les pires craintes, devenues pires
cauchemars,
Mais aussi les plus étonnantes ambitions.
Perdues dans les ténèbres incroyablement noires
Se faufilent discrètement de belles imaginations.

Elle habite aussi tant de magnifiques mondes
Mais également les idées les plus immondes.
Elle protège en vain celles qui s'y dévergondent.

Mais n'oublions pas que celle-ci nous a guidés
Dans le monde, durant nos multiples traversées ;
Pendant bien longtemps ses étoiles nous ont aidés.

L'espoir

Il vit en chacun d'entre nous,
Bloquant peine et pessimisme.
Il vit caché dans notre âme,
Il empêche de devenir fou.

Il porte nos plus belles idées,
Nos grandes revendications,
Et les plus fortes de nos passions.
À jamais il nous fait rêver.

Bien sûr, il ne faut pas le perdre
Car comme on dit, l'espoir fait vivre.
En effet, cela va sans dire
Que sans lui la vie serait terne.

Ce monde

J'aurais pu vous parler d'un monde secret
Ou sorti tout droit de l'imaginaire,
Mais prenons plutôt le nôtre à cette ère
Celui-ci, qui, peu à peu, disparaît.

Bien sûr, je ne parle pas physiquement
Cela va sans dire, vous l'aurez compris,
Que ce monde dont je vous prône le récit
Est celui que nous souhaitons plus aimant.

Vous aussi avez croisé ces regards
Ceux de femmes battues, des plus démunis,
D'enfants qui semblent perdus, des sans-abri…
Dans ces yeux pleins de vide où l'on s'égare

On cherche et on y perd de l'espoir.
Voilà les aspects hideux de ce monde
Ce que vous trouvez le plus immonde
Encore faut-il accepter de le voir.

Et si vous ouvrez les yeux sur cela,
Surgiront alors les autres aspects.
Si vous réussissez à crever l'abcès,
Ils vous apparaîtront en un éclat.

Peine

Elle n'est pour aucun de nous inconnue,
Simplement pour certains plus familière.
La peine nous fait souvent tomber des nues,
La peine et la tristesse sont similaires.

Elle prend place dans notre cœur, et le vide
Souvent sans prévenir, sans avertir.
La peine nous détruit comme de l'acide,
Sans relâche, elle ne cesse de s'agrandir.

Imprévue elle s'installe, presque nous blâme
De la laisser prendre place sans se battre.
Puis elle commence à répandre ses flammes,
Sur sa route continue de tout abattre.

Nous nous habituons à sa présence
Du moins c'est ce que l'on imagine,
Mais seulement elle prend de l'assurance,
Dirige nos émotions comme une machine.

Nous sommes alors encore seuls avec elle.
De l'intérieur peu à peu elle nous bouffe,
Elle ruine nos ambitions, nous coupe les ailes
Au fil du temps, elle nous pousse vers le gouffre.

Semaine

Lundi est le premier de sa lignée,
Généralement il n'est pas très aimé
Voire même souvent presque rejeté.

Mardi arrive moyennant peu d'aplomb,
Le chemin à parcourir reste long
Mais il faut continuer, et tenir bon.

Puis mercredi les succède non sans mal.
Mais pour certains il est une belle escale,
Un arrêt attendu dans cette cavale.

Et jeudi à son tour arrive enfin,
On imagine que c'est bientôt la fin
Mais c'est faux, à moins d'être magicien.

Vendredi conclut la semaine de travail,
C'est souvent le moment des retrouvailles
Se peaufine le week-end dans les détails.

Samedi, également, est très apprécié
Il annonce de belles et douces soirées
Avec de nombreuses autres activités.

Dimanche, quant à lui, annonce le repos
Précédant le métro-boulot-dodo.
Avec un peu de chance il fera beau.

Le cirque

Dans le majestueux cirque
Passent des numéros fantastiques
Dans cet univers enfantin
Grouillent partout clowns et magiciens

Passent tour à tour tous les artistes
Volent tout là-haut les trapézistes
Numéros tous plus fascinants
Succession d'arts impressionnants

Sur décision des créateurs
S'envole chacun des voltigeurs
Puis vient le tour des animaux
Le cirque nous offre ce beau cadeau

Futur

C'est un drôle de personnage
Qui semble parfois être un mirage.
Nous ne pourrons jamais le voir
Mais il connaît bien son devoir.

Il nous est à tous inconnu
Même si nous l'avons sans doute vu.
Le futur ne vit pas caché
Seulement, nous le voyons masqué.

En quelque sorte invisible,
Il est toujours imperceptible.
Le futur est imprévisible.

On dit qu'il est optimiste,
Persévérant, mais réaliste,
Méconnaissable alchimiste.

Malchanceuse

Passé, Présent, Futur
Ne riment qu'avec blessures,
Peut-être forgent mon armure.

Placée derrière ces flammes,
Je dissimule mon arme :
Sourire cachant les larmes.

Avançant fébrilement,
Alors, la vie nous ment.
La peine est un amant.

La paix peut être ici,
Sûrement pas chez un psy,
Mais dans son nid.

L'univers

Notre vaste univers
Sans endroit ni envers
Possède tant de mondes
Et une belle lune blonde.

Il faut trouver sa place
Dans ce géant espace,
Et si vous êtes perdus
Devinez l'inconnu.

Chacune de ces planètes
A de nombreuses facettes.
Chacune a ses étoiles,
Apparaît sur les toiles.

Cet endroit infini,
Pas encore défini.
N'oubliez pas vos sens
Et découvrez l'immense.

Le temps

Le temps passe
Comme l'oiseau s'envole.
L'avenir se trace,
Le temps nous vole.

Toujours il nous fuit
Et nous avons tort,
Toujours on le suit ;
Il mène à la mort.

Passé l'enfance
Avec tous ses rêves,
Vient l'adolescence
Qui est assez brève.

Puis vient le moment
D'être mature.
Il faut être aimant
Dans cette aventure.

Devenir adulte
N'est pas chose facile.
C'est ce qui résulte
De notre monde hostile.

Enfin vient l'âge d'or,
Celui du repos,
Parfois des remords,
Très loin du berceau.

Elle touche à sa fin,
La vie, belle d'un jour,
Adieu aux défunts.
Le temps court toujours !

Opposés

La paix contre la guerre
Droite opposée à gauche
Sécheresse contre mers
Luxuriance ou débauche

Malheur contre bonheur
Le jour contre la nuit
Le courage et la peur
Demain contre aujourd'hui

Pauvreté et richesse
Rêves et réalité
Maladresse et adresse
Criminels acquittés

L'amour contre la haine
La vie contre la mort
La joie contre la peine
La raison a ses torts

La Sévillane

C'est cette belle dame
Qui danse avec son âme.
Peut-être trop belle d'ailleurs,
Sa vue semble une faveur.

Elle a le pas léger,
Les cheveux attachés,
Le visage souriant
Et la robe dans le vent.

Comme dans un autre monde
Les couleurs se confondent,
Portée par la musique
Elle oublie son public.

Elle tourne et virevolte
Sur ce rythme désinvolte,
Elle ne s'arrête plus.
Cela vous aurait plu.

Méchanceté

Elle est l'amie de la violence
Mais aussi celle de la souffrance.
La méchanceté aime les blessures
Autant que l'on se sent impure.

Elle est le synonyme de haine
Et mène à de nombreuses peines.
De même qu'elle mène à des plaintes,
Elle inflige de lourdes craintes.

Suivie souvent de peurs et de pleurs,
Parfois aussi elle guide les leurres.
À cause d'elle constamment on prie
Pourtant lorsqu'elle est là, on crie.

Elle préfère de loin les coupables
Car de tout ils sont capables ;
Tantôt ce sont les innocents
Qui l'utilise en se vengeant.

Adolescence

C'est un long périple empli d'obstacles,
Où vivre est parfois comme un miracle.
Période de découvertes et de changements
Bien différentes des histoires pour enfants.

Remise en question et quête de soi-même
C'est une partie de nous que l'on sème.
Il est difficile d'apprendre à s'aimer
Mais il faut commencer à s'accepter.

Abandonnant notre tendre enfance,
Essayant d'échapper à l'ignorance.
C'est le moment de l'adolescence.

Nos sentiments constamment s'entremêlent
C'est le moment des amitiés fidèles
Et des nombreuses questions existentielles.

Lumière

Tout d'abord notre soleil
Systématiquement nous veille
Succédé par les étoiles
La nuit de lumières elles voilent

Puis vient le tour des bougies
Mais qui parfois ne suffit
Alors ce sont les ampoules
Qui sur nos têtes croulent

Accompagnée de lucioles
Qui une à une s'envolent
Et tout autour nous frôlent

Pour finir les lanternes
Qui à jamais renferment
Cette lumière éternelle

Vie

C'est un étrange phénomène ;
Voici en quoi il consiste.
Mélange de sens qui coexistent,
Alliance de joie et de haine.

Elle passe d'un extrême à un autre.
Elle a parfois un goût amer.
C'est bien elle, la grande reine mère
Sans jamais prévenir son hôte

Elle transforme toutes ses émotions.
Elle traverse les âges et le temps
Seulement elle sait ce qui l'attend,
Ne vous fiez pas aux impressions.

Elle est toujours parvenue
À montrer sa juste valeur,
Il faut profiter de chaque heure.
La vie, comme une belle avenue.

Émotions

Nos émotions sont sensibles,
Parfois elles sont douloureuses.
Elles sont incompréhensibles
Tantôt heureuses ou malheureuses.

Elles nous guident sans cesse dans le noir,
Nous aident parfois à percevoir
Ce que nos yeux ne peuvent voir.
Elles font partie de notre histoire.

Toujours, les émotions sont belles.
À jamais elles nous ensorcellent,
Et créent en nous des étincelles.

Communément contradictoires.
Quelquefois petites victoires,
De recevoir un peu d'espoir.

Souvenirs

Qu'ils soient lointains ou proches
Ils se cachent dans nos poches.
Toujours, ils nous accrochent.

Ils nous définissent,
Nous enfoncent ou nous hissent
Et laissent des cicatrices.

Ils sont notre passé,
Ne peuvent être effacés
Mais aident à avancer.

Synonyme de bonheur
Ou parfois de douleurs
Ils peuvent être charmeurs.

Gardés par les photos,
Détruits par quelques mots,
Parfois tristes d'autres beaux.

Dévergondée

Ce sont des femmes courageuses,
Qui très souvent étaient rêveuses,
Avant que la vie ravageuse
Ne les transforme en béguineuses.

Cessez donc tous vos préjugés.
Sachez que les prostituées
Exercent souvent ce vieux métier
D'abord par simple nécessité.

Elles n'ont d'autre choix que d'être fortes,
Lorsqu'elles sont traitées de telle sorte
Par les gens qui leur ferment des portes.
Pas toujours facile d'être escorte.

Ce sont elles, ces femmes du trottoir,
Qui n'attendent rien d'autre qu'un pourboire
Dans l'unique but d'apercevoir
Le moindre morceau d'espoir.

La vie, la mort

La vie sauve, la mort tue,
La vie court, la mort fume,
La vie meurt, la mort fut.
Elles passent et nous consument.

Cesse de les opposer,
Simplement sont présentes,
Elles qui sont tant liées.
La vie, la mort pesantes.

Ainsi, la vie n'est qu'un leurre,
Fou rire cachant les larmes.
La mort, elle, mène aux pleurs.
Chacune possède ses armes.

Regarde toujours le monde,
Ensemble tristesse et joie,
Mort, vie. Liaison profonde,
C'est ce en quoi je crois.

Espoir

Il dirige nos plus belles envies,
Non pas sans aucune fantaisie.
Il nous apporte de l'espérance
Depuis notre plus tendre enfance.

Il dirige tous les plus grands rêves
Depuis l'époque d'Adam et Eve,
Mais face à la réalité,
L'espoir n'est pas favorisé.

Espérons le nôtre futur,
Quant à lui sera moins impur,
Et notre vie serait plus pure.

Seulement ce beau sentiment
Qui, seul lui jamais ne nous ment
Nous manque, par son absence, souvent.

Rêves d'enfants

Les rêves d'enfants sont les plus grands
De magnifiques créations
Sorties de l'imagination
Ou courant tout simplement

Que tu souhaites être une maîtresse
Sinon pilote d'hélicoptère
Que tu veuilles être vétérinaire
Ou que tu rêves d'être princesse

Que tu veuilles être policier
Que tu souhaites devenir médecin
Que tu désires être écrivain
Ou que tu rêves d'être pompier

Danseuse étoile ou astronaute
Peu importe s'ils sont bafoués
Ou par surcroît déshonorés
Ils ne sont jamais une faute

Légende

Ton cœur abrite un grand pouvoir,
Simplement il faut le savoir.
Il est caché au fond de toi
Sous ton nez, ici, juste là.

Celui-ci te permet beaucoup,
Il est l'un de tes grands atouts.
Tu pensais être sans défense,
Mais depuis ta plus tendre enfance

Il attend la grande découverte
De ce pouvoir rester inerte.
Invisible, bel et bien présent,
Il persiste cet aspect puissant.

Légende facile mais réfléchie
Simple acrostiche de notre vie.

Acrostiches

Vivre

Vivant en chacun d'entre nous,
Ivresse de pouvoir enchanteresse.
Variant de haine et de tendresse,
Respecte le temps qui, lui, jaloux
Emprisonne ce pouvoir en nous.

Câlin

Cocon berçant la tendresse,
Amour guidé avec adresse,
Libre sentiment de gentillesse,
Invincible comme forteresse,
Nouant tout lien en un seul geste.

Mot

Mécanisme incroyable
Origine ancestrale
Toujours indispensable

Étoile

Étincelante et grande étendue
Tantôt guidant vers l'inconnu.
On y voit de belles images,
Incroyables comme un mirage.
Lumières presque magiques,
Elles sont toujours magnifiques.

Féerie

Fantastique ce bel univers !
Étincelle d'imaginaire.
Emerveillant petits et grands,
Rapporté sur chaque continent.
Incroyables histoires racontées,
Ensorcelées et enchantées.

Couleur

Coïncidences et mélanges ;
Omniprésente mésange.
Unique alliance de couleurs.
La peinture est leur demeure.
Évoque la joie et la peur.
Universelles aquarelles,
Ravissante tourterelle.

Ciel

Caractère plutôt instable
Immensité incroyable
Ensoleillé ou pluvieux
Lumière éblouit nos yeux

Bisous

Bien meilleurs qu'un discours,
Incroyable preuve d'amour.
Symboles interstellaires
Ondes d'affection sincère.
Une forte exclamation :
Sentiments et passion.

Histoire

L'Humanité ne peut pas s'en défaire.
  Inoubliables batailles, règnes et guerres,
  Souvenirs comme gravés dans les mémoires,
  Toujours présents dans les livres d'histoire.
  Omniprésente en chacun d'entre nous.
  Inconnue parfois, elle reste un bijou.
  Révolutions, inventions, égalité,
  Exécutions, abjections, liberté.

Rêves

Ravissantes imaginations,
Éblouissantes créations,
Valorisés avec Disney,
Emerveillant grâce à Mickey.
Sublimant la réalité.

Poèmes

Petit univers fascinant
Où chaque lettre trouve son emplacement.
Étrange mélange de sentiments.
Magnifique alliance d'émotions.
Enchantée, bonne exploration !
Soyez prêts pour ces créations.

Remerciements

Je remercie mes proches et plus particulièrement mes parents qui ont cru en moi et m'ont aidée à concrétiser ce projet. Merci également à Hugo Paradis et Anthony Rouaud de l'entreprise Komeo et à la maison d'édition Le Lys Bleu.

Table des matières

Féerie.. 7

Haïr ou aimer 9

La guerre 11

La nuit 13

L'espoir 15

Ce monde 17

Peine... 19

Semaine... 21

Le cirque 23

Futur... 25

Malchanceuse... 27

L'univers 29

Le temps.. 31

Opposés... 33

La Sévillane... 35

Méchanceté 37

Adolescence 39

Lumière 41

Vie... 43

Émotions 45

Souvenirs 47

Dévergondée 49

La vie, la mort..51

Espoir..53

Rêves d'enfants 55

Légende 57

Acrostiches 59

Vivre..61

Câlin 63

Mot 65

Étoile 67

Féerie 69

Couleur 71

Ciel 73

Bisous 75

Histoire 77

Rêves 79

Poèmes..81

Imprimé en Allemagne
Achevé d'imprimer en novembre 2021
Dépôt légal : novembre 2021

Pour

Le Lys Bleu Éditions
40, rue du Louvre
75001 Paris